Cielos que perduren

MUSEO SALVAJE
Colección de poesía
Homenaje a Olga Orozco

Homage to Olga Orozco
Poetry Collection
WILD MUSEUM

José Miguel Rodríguez Zamora

CIELOS QUE PERDUREN

Nueva York Poetry Press LLC
128 Madison Avenue, Office 2RN
New York, NY 10016, USA
Telephone number: +1(929)354-7778
nuevayork.poetrypress@gmail.com
www.nuevayorkpoetrypress.com

Cielos que perduren

© 2024 José Miguel Rodríguez Zamora

ISBN-13: 978-1-958001-34-9

© *Poetry Collection*
Wild Museum 65
(Homage to Olga Orozco)

© Prologue & Blurb:
Mía Gallegos

© Publisher & Editor-in-Chief:
Marisa Russo

© Editor:
Francisco Trejo

© Layout Designer:
Moctezuma Rodríguez

© Cover Designer:
William Velásquez Vásquez

©Author's Photographer:
Beatriz Villalobos

© Cover Artist:
Osvaldo Sequeira

Rodríguez Zamora, José Miguel
Cielos que perduren José Miguel Rodríguez Zamora. 1ª ed. New York: Nueva York Poetry Press, 2024, 154 pp. 5.25" x 8".

1. Costa Rican Poetry   2. Latin American Poetry

All rights reserved. No part of this publication may be reproduced, distributed, or transmitted in any form or by any means, including photocopying, recording, or other electronic or mechanical methods, without the prior written permission of the publisher, except in the case of brief quotations embodied in critical reviews and certain other non-commercial uses permitted by copyright law. For permissions contact the publisher at: nuevayork.poetrypress@gmail.com.

El viaje es de hagamos
cielos que duren.

JUAN GELMAN

No poder llegar a Él, es nuestro descubrimiento:
el fracaso, es nuestro éxito.

MEISTER ECKHART

déjame recordar el silencio de tus profundidades

FRIEDRICH HÖLDERLIN

BREVE TRATADO SOBRE EL VIAJE

Aquella eterna fonte está escondida.

SAN JUAN DE LA CRUZ

Lo supe muy tarde: en ese viaje
me acompañaron las heridas aun abiertas.
Con la distancia cambió el espejo,
un ser insustancial vivía en mi rostro.

Era un horizonte nítido el aire cristalino.
Aquel día.
Me pregunté: Tú, ¿quién eres?

Algunas nubes blancas,
un cielo azul inmemorial.
Había dejado de llover;
los restos formaban una frágil brisa.
No cabía la indiferencia habiendo sido uno
en la distancia y el engaño de la edad.

Un ave se acercó a las aguas,
el sol bajaba.
Comprendí de pronto: en un lugar solitario
el tiempo arrasa los bosques y los laberintos,
la tormenta es calma.

Abracé los últimos rayos de luz
en este camino sin viajero y viaje sin camino.
En la antigua fuente, frente a la iglesia,
me dispuse a beber.

EL ARCA DE LOS RECUERDOS

> *Los demás discípulos llegaron en el barquito...*
>
> JUAN 21, 8

Quise construir un arca como la de Noé antes
    del diluvio.
Un arca para salvar mis recuerdos.
Pensé que flotarían y, luego,
volverían a nacer como una rama de olivo.

De dos en dos los vi caminar presurosos.
Varios subiendo juntos, otros separados.
Tomados de la mano marchaban
mi infancia, mi juventud y mi vejez.

Con sorpresa
                el último venía solo.
Recogiendo el tiempo entre sus pasos,
cual mendigo apaciguado,
llegaba mi propio recuerdo:
un yo difuminado por la tarde y el olvido.

De repente empezó a llover:
la lluvia tuvo la última palabra.

LO FÁCIL Y LO DIFÍCIL

Es tan fácil lo difícil como difícil lo fácil.
Algo así
como nacer y morir al mismo tiempo.
Como remodelar una casa
lanzando los recuerdos por la ventana.
Como tener el pecho mil veces
desgarrado y reconstruido.
Como una oración
infinitamente grande o infinitamente pequeña
que cabe,
        como Tú,
entre los pétalos de una rosa.

AUNQUE LA ROSA

Aunque la rosa y Tú sean uno solo
como Tú y yo somos uno,
yo soy la rosa que eres Tú.
Sin yo, sin Ti, sin la rosa:
un sin Ti sin yo. Nunca. Siempre.

Las palabras selladas trastornan el mundo,
el agua fluye por los campos, borra los caminos
y vuelve a Él en la estación del vino,
demasiado lejos.
Soy, como Tú, en lo vivo y lo no vivo
de Tu presencia ausente.
                          En otro mundo contigo:
sólo Uno tan cerca, tan lejos
como la eternidad en un instante:
                          Rosa. Silencio. Nada.

VUELO INÚTIL

Suave anida la vida;
tan ancha y profunda detrás del silencio.
¡Escuchen este silencio!
Con precisión palabras que nunca se podría
        esperar,
cuando por un instante desciende la profecía.

Mientras el mundo gira,
llegan las lluvias; se va el verano tratando de hallar
        el amor:
una esperanza que el viento trae. Hondamente
nos transformamos conteniendo la respiración.

Bajo las estrellas emprendemos el vuelo de
        siempre
a través de los sueños.
Sin ese vuelo todo sería inútil.

A OSCURAS Y SEGURA

> *sentimos qué próximo a nosotros*
> *estaba lo invisible.*
>
> Emily Dickinson

La ciudad estaba oscura:
no había hombres, mujeres ni perros callejeros.
Yo conocía estos senderos ancestrales
como la palma de mi mano.

Caminaba tal si fuera un turista,
o más bien, un peregrino objetando fronteras
y los hábitos hechos costumbre:
una representación en este dilatado territorio;
sucesión de huellas en la niebla.

El aire fresco me daba en la cara. Con mi
      encendedor
prendí un cigarrillo, indispensable.
Se me hace difícil, después de tantos años,
pensar que yo nací aquí. Ahora, paso a paso,
se desvanece la fragancia del entendimiento:
las historias familiares, la guerra civil, la escuela,
las matas de café, los lirios de mayo. Todos se
      alejaban

como una nube liberada de sus frenos.
Un olor a pan se levantaba de la tierra.
Caminé hasta el puente, al final de la calle;
un Dios poderoso con barbas de musgo.
Es curioso, no sentía dolor.

Tire el cigarrillo; la brisa
de la montaña construía evocaciones.
A lo lejos la sirena de un tren moría lentamente.
Recordé varias líneas de mi vida pasada;
volvió el reumatismo.

Algo ardía en mi alma. Como
agazapado que recién despierta.
Sin pronunciar una palabra di gracias a Dios
por esta oscuridad y este silencio.

LA CASA VACÍA

> *El destino de ser por algo que no soy.*
> OLGA OROZCO

No es difícil ver que el olvido es generoso
cuando la vida no ha sido generosa.

Cuando el pasado se desmorona y la confianza
se estrella apagada sin explicación ni recompensa.

Con precisión e indolencia nos aferramos al
        madero
que flota sobre las aguas estando la casa vacía.

El miedo de perder el cielo en un universo ajeno,
en la inconcebible ninguna parte del firmamento.

El rechazo de admitirse a sí mismo que la noche
no está afuera, es un océano que llevamos dentro.

Quizás un ángel comprenda nuestro temor y eleve
en lo profundo una palabra bronceada por el sol.

¿QUÉ HARÁS TÚ CUANDO YO MUERA?

Tu alma enamora a la mía;
la mía teñida de imágenes
busca tu presencia de día y de noche.

Tu alma es mi cuerpo,
mi corazón, mi cabeza;
mis ojos te miran
revoloteando sobre la tierra.

Envejece tu rostro en mi rostro.
Aunque en el cielo florecen
el primer hombre, la primera mujer,
aferrados a tus brazos.

Te necesito en la vida.
Te necesito en la muerte.
¿Qué harás Tú cuando yo muera?

JERARQUÍA DE AUSENCIAS

You once saw Him, so now your eyes...

HAFIZ

Llegué a la terminal anocheciendo.
El vuelo se retrasó, como siempre.
Salieron los pasajeros,
                ninguna cara conocida.
Solo, en la acera del frente,
simplificando organicé la jerarquía de ausencias.

El cielo estrellado atrapa los bordes
a veces a contracorriente.
Cuando la invocación es profunda la carne visible
desaparece:
         no hay adónde ir.

Su mano se extiende, Su mano libera.
Inesperada atraviesa disfraces,
                   destruye metáforas.
Me devuelve lo mío,
        aparta lo ajeno.

Me pregunto cuánto durará la noche.

Cuán largo será el camino mientras respiro
el espacio ajeno de la luna.

Desde mi nada renace la sed de volar;
un abrazo
a la infinita ausencia de Tú mirada.

DIGNIDAD DEL POEMA

Algo de pan había en ese poema.
Como si recogiera el alimento
en migajas
             amasadas con harina y tinta.
Con ello pretendía combatir la ausencia
de besos, de luz y el espanto.

Ciertamente, se dio cuenta:
estaba en el lugar equivocado.
Cuando toda salida tiene una entrada,
toda palabra un silencio, el ocaso
retrasa los ojos de un designio cual si fuera
un peregrino usurpando tempestades.

Al fin la soledad puso un límite
a la pena y al verso juntamente.
Sílabas, palabras a medias
en esta gramática que desborda el existir.
Adentro y afuera
una rosa y un fusil derramados junto al río
no inhiben el llanto
de la íntima verdad de las hojas que caen.

El café florece, el trigo madura,
el río continúa su marcha:
en cada rostro se desliza la muerte.

PASA UN ÁNGEL

Pasa un ángel y extiende sus alas
en esta noche desgastada. El rocío
de la madrugada se desvanece lentamente.

Alargo mis manos y atrapo el ángel:
un relámpago embriagado de tiempo,
en absoluta luz. Espejo
hacia la marcha del día. Verosímil.

Naturalmente,
también yo he luchado con el ángel:
el ángel se escapó pretextando eternidad.

CAMINAR SOBRE MI TUMBA

> *qué esperas heredar*
> *en la profunda tumba?*
>
> P. B. SHELLEY

Hoy alguien caminó justo sobre mi tumba.
No vi quién era;
apenas sentí un suave susurro.
Quizás fue el viento o la lluvia.
Con este clima tan variable
es imposible saberlo.

Yo me quedé inmóvil,
guardé silencio para no ser percibido.
No sea que la quietud de mi corazón se acabe
        y se rompa la armonía con el universo.

EXTRAÑA COSTUMBRE

> *La santidad, en algunas ocasiones,*
> *puede no ser otra cosa que una tentación impura.*
>
> RABÍ BAAL SHEM TOV

Traté de dormir
buscando las llaves del sueño.
Las botellas vacías sobre la mesa
después de la clase.

De repente, llamaron a misa las campanas
y se escuchó algo como un grito o un perro
        lejano.
La Biblia continuaba descansando sobre la
        oscuridad
del estante.

Comenzó a hacer frio. ¡Mejor nos vamos!
Poniendo los pies sobre la tierra me incliné un
        poco;
una película de Hitchcock persistía en mi cabeza.
Creo que cuando llegue el mediodía
me acostumbraré a muchas cosas.
O tal vez no.

Mejor salir por la puerta, aunque a nadie le
 importe.

La puerta abierta o cerrada: la misericordia.
¡El último apaga la luz!

ESA MANERA DE DECIR MI NOMBRE

Esa manera de decir mi nombre,
se me parte el pecho buscado la luz.
Buscando cualquier cosa, sombra o figura,
música o silencio, que se parezca a Ti.

Esa manera de decir mi nombre;
es lanza en el costado; fuente insaciable
de sangre y agua fresca.

Esa manera de decir mi nombre;
es como una herencia que eleva mi alma,
que me da firmeza para recostar mi cuerpo sobre
la tierra,
y, como el trigo maduro,
                            dejarme dormir.

UBI SUNT CON HUESOS

> *Las hojas secas crujen (…) y hacen pensar*
> *en los huesos helados de los muertos.*
>
> JUAN RAMÓN JIMÉNEZ

Mueren las lluvias cuando se acerca diciembre;
sacude el frio la mejilla pálida.
La luz es más clara, transparente. Un horizonte
sosegado: el aire se desliza sin inquietud.
Bajo el viento suspira la luna,
bajo la luna palpita el destino.
Asume el tiempo su propio atardecer:
para muchos, los ingenuos, son los días más
        felices.

Aquella tarde
        el padre recogía los huesos
                en una bolsa
                        de basura.
      Esto es lo que
      de él queda.
      Entre sus manos
      un peso liviano crujió
      con la ayuda del amor:
      volver al vientre de la
           mujer.

                    Varias lágrimas en su
                            rostro.
                    Nadie derrama
                    la misma lágrima dos
                            veces.
                    No supe que decir.

Vino a mi mente la palabra ausencia;
pero no significaba nada. Tampoco distancia o
        vacío.
Cruzando la sombra de los cipreses
pensé si sería un esqueleto clásico.

El viento levantaba el polvo y el silencio hería el
        aire.
Todo es diferente cuando ya has enterrado
a tu hijo. Posesión de soledad que calla y abraza;
sed de un canto que resiste y, al fin,

                                muere.

Ayer tenía cuerpo y nombre; hoy
queda la blancura
de las palabras que luchan contra el olvido.
Designios que volaron liberados de sus jaulas,
olvidando el día que se fueron.
Ya sin máscaras,
un leve rocío el misterio acaricia.

La luz baja del cielo disfrazando la vida en
     muerte;
dentro de las tumbas siempre es de noche.
Resguardan las piedras, comprenden. Las flores
navegan sobre la hierba y miran al cielo buscando
     respuestas.
Más allá del viento el sueño
emerge como si fuera una estrella de la
     resurrección.
Aquello no me consoló; ni los cánticos a lo lejos.

Aun la noche es luminosa si el espacio del otro es
     nada;
trascendencia sin huella: vivir es una amenaza
al no estar en este mundo ni aun en el otro:
la tierra prometida, la tierra lúcida de la
     inexistencia.
Bajo la cruz, silbando el aire,
                    un ángel siempre aguarda.

¿Me apresuré acaso sosteniendo mi alma
al recoger los pasos bajo mis pies?
Muchos afanes descansan en el ocaso
anticipando semillas y lejanos secretos:
morimos cada día, pero nadie se acostumbra a la
     muerte.

Algo de su tumba estaba
        en mí;
una tumba dentro de otra
        tumba,
la suya y la mía, la de todos
en aquella estancia
        primordial.
Algo sin porqué.
Como sin porqué
es la rosa que florece
en los brazos de Dios.

Esta noche, bajo el cielo de diciembre,
pensaré en él y en su bolsa de huesos.
También los sepulcros mienten.

VOCES EN EL VALLE

> *Huyó lo que era firme y solamente*
> *lo fugitivo permanece y dura.*
>
> FRANCISCO DE QUEVEDO

Nadie se queda. Nunca.
No es una decisión pasar.
El búho que mira, la rana que salta, el gato
        maullando,
las aves cantoras;
luz de la luna en el estanque,
estanque en la luz de la luna.
                    Siempre se van.

Las montañas tiemblan a lo lejos;
mueve sus alas color de azabache el fuego.
Suben como flores al amanecer,
pronto desfallecen. Transitoriedad.
Quieto, quieto
el tiempo en su lentitud se agita en la nada.

El templo eleva las cruces. Sendero.
Yo me iré (luz de luna, aves cantoras, montañas,
búho, rana, gato, flores color azabache) se
        quedarán.
Vasija de barro, vacío, oquedad,
conteniendo la lluvia sublevada.

EL MONJE Y EL POEMA

Aquella tarde, sentados junto al río,
el monje nos leyó un poema.

Era un día claro de verano. Una tenue brisa
cubría el valle. Las nubes se alejaban
buscando el consuelo del ocaso.

La guerra había terminado hacía varios años:
enterraron los muertos; reconstruyeron
la torre de la iglesia; sembraron los campos;
abrieron las escuelas y cruzaron los puentes.
Los niños jugaban sobre las ruinas que aun
      persistían.

Lo último era el principio en este abismo sin
      palabras
cuando el aire traía los nombres en múltiples lenguajes,
en múltiples olvidos.
El cántaro es silencio, y el silencio, palabra.

Aquella tarde, sentados junto al río,
el monje nos leyó este poema.

DE SOMBRAS QUE CAMINAN SIN NOSOTROS

> *Somos la sombra*
> *de un sueño.*
>
> PÍNDARO

¿De quién es la sombra que delante de mí camina
recogiendo sus pasos en un ocaso tardío?

Más allá de la noche, en el aire y el agua,
un canto nace en el desierto.
                    El eterno presente consolida
la belleza del cielo sobre la tierra:
milagro de las formas,
                    ¿Milagro del azar?
La sombra de un sueño se fuga en la espuma,
sonrisa implorando destellos.
Razón no le falta al sueño cuando brota del
      abismo.

Con la franqueza del inconsciente, la inquietud,
la calma, al fin el universo de las profundidades.
      Marea
del sentimiento, la compasión y el
           apaciguamiento.

Luego traduce la oculta lengua del alma
en música sin rostro y rostros sin música;
      un extranjero
en el sueño con dispar identidad. El mundo
inhóspito crea leyendas:
orgulloso arroyo cristalino de la veracidad.

Como aves emancipadas la brisa teje y desteje
los secretos de lo que somos,
                        lo que no hemos sido.
El ojo vigila y juzga las fronteras inmutables,
el viaje del alma. Ni aún el dolor se escapa.
No es un error la poesía enamorada
de imposibles bifurcaciones.
¿Qué cabría esperar de una invocación
      desconocida?

En algunos claros el vértigo
define el amor y la desgracia.
                        También el firmamento
lleva en su espalda lo sagrado:
los pétalos maduros en los espejismos del
      mañana.

El juego de las formas calienta la noche
mientras busca el equilibrio entre las sombras:
la dignidad imprevisible de los caminos bajo el
      cielo curvo
engendra las estrellas; aquellos saberes

que nacen y mueren sin envejecer. Aprendieron a
 sobrevivir
en las tinieblas prodigiosas; destino
del regazo de la tierra.
 Sombras que se alejan,
 Imposible atraparlas con las manos.

El infinito y el sueño son hermanos, comparten
una cierta tristeza, un espanto en el fluir de las
 cosas.
Así dejan la actualidad de cada instante
en el olvido de los sentimientos, demoliendo
un juego de engaños,
 una conversación en el más allá.
Cuando el viento deja de soplar,
la barca a la deriva navega en otro abismo.
En el mar anochecido,
alejado del pasado y del futuro. En este mutuo
principio y fin sube
el silencio que sólo las sombras saben dar.

¿Seremos la sombra de un sueño?
Nunca hay sombras suficientes hasta volver a
casa.
Sombras mutiladas que suben los peldaños del
 perdón.

¿Y Tú?
 Tú caminas entre las sombras.

Tú caminas entre los sueños.
Una palabra,
una sola Palabra escondida entre los sueños.
Una palabra,
una sola Palabra, escondida entre las sombras.

Llorando reposo la eternidad reclama.

CÓMODA IRRELEVANCIA

Ya no sabemos recibir la gracia.
SIMONE WEIL

El viaje es un asunto que importa. Siempre
la luz en línea recta afecta la percepción.
La mirada descansa
                mientras los inconsolables cuerpos
guardan mensajes bajo la piel.

En la maternidad de la naturaleza
continúa la competencia entre la incertidumbre
y la convicción. Un antes y un después:
arcoíris que reverdece en el tiempo sombrío:
sello de esperanza.

Para soñar con lo verdadero
                el alma aprendió a volar.
Al mediodía mi canto madura con la ilusión del
      vuelo.
Y luego descubro que mi memoria no es mía,
agua ajena entre el recuerdo y el olvido:
la gracia no destruye la naturaleza, la engrandece.

Los pájaros evocan el cielo.
                      Y, como Dostoievski,
aprendí amar a Dios a través de los pecados.

LA LUZ DE UNA HOJA QUE CAE

Cuando esto escribí fui otro;
y otro cuando conmigo hablaba;
cuando salgo de mi mismo
es como si de una habitación saliera;
siempre distinto en cada hora que pasa.

Mas dentro de las páginas no escritas,
hojas en el viento,
me obligo a nadar contracorriente hasta el litoral
de los pensamientos.

Me pienso en esta idea,
cogito ergo sum:
                        palabra tras palabra,
escalando la página en blanco
con signos filológicamente incorrectos.
A pesar de todo, recogen la seguridad
de una leyenda sobre el ser y la nada.

Por otra parte, si viajara de la tierra al cielo,
una hipótesis en la brevedad de la palabra,
cruzarían remolinos de imágenes
para escuchar
                la luz de una hoja que cae.

Plotino in the Sky Without Diamonds

que la conciencia se vuelva hacia el interior
y que se aplique su atención hacia lo trascendente.

Plotino

Al cerrar mis ojos emergió
el mundo del vacío. Absoluta Nada.

No siempre fue así; aunque no recuerdo
el principio, en mí aún resuena el origen.

Viajé hacia adentro para encontrar el alma del
      mundo
que se eleva sin fracturas, sin fricciones,

cuando el peso de mi cuerpo doblaba
las espigas doradas y, entre ellas, mis lágrimas.

Enamorado de las formas, las palabras y los
      sueños,
la belleza que encadena el alma.

Ahora, anónimo de obligaciones, deshabitado de
      cuerpo,
descubro que no tiene alas el día, ni rostro las
      decepciones.

Dejé de atormentar la mañana con el polvo de los
              libros,
la ilusión de un cortejo de alimentos intangibles.

El viento teje los secretos, ajeno al universo,
en la recóndita oscuridad de un cielo sin estrellas.

Y participa en el pensamiento el Uno,
lejos de las figuras geométricas y los números,

como si fuera un sueño inquieto
velado por la bruma del ser lo impalpable.

Desaparecieron los cuerpos y las sensaciones,
nada quedó de mí en mí. Avaro de ser; nada más.

En esta libertad el silencio fue cómplice
de las sombras sin ayer y sin mañana.

Una irrealidad diáfana donde crepita el silencio,
fuera del gozo y del dolor. Sólo Abandono.

El conocimiento se diluyó en poesía, la poesía en
              metáforas,
las metáforas en símbolos, y, por fin,
los símbolos, cual espuma de nubes,
              emprendieron el vuelo,
aves hermanas de un sutil resurgimiento.

Reverberaron en peregrinaciones las lluvias del
 tiempo,
de la vida y la muerte en el umbral de la
 consciencia.

También el sol esconde pasiones de lo externo,
como la oscura luna naciente y agonizante.

La verdad emerge del abismo, la belleza de las
 sombras;
el lenguaje es el paisaje de la procreación.

Aunque lo mismo ocurra infinitas veces, nunca
 será igual:
el terror del ser aprisiona la esperanza.

Esta voracidad de un asombro que atrapa el alma
completa el viaje sin materia, sin distancia.

Pues mi designio es morir con la velocidad
de las chispas, del fuego liberado en las entrañas.

Para reclinar mi cabeza en los solsticios del
 camino;
despojado de misterios; sólo la luz.

Ser siempre una hoja que cae en el estanque,
una hoja que flota sobre el mar. Reconciliación.

Con los ojos abiertos hacia el cielo ser uno
con la divina humildad de la belleza eterna.

Sin nostalgia en el alejamiento infinito
de las manos juntas y la brisa de la tarde,

cuando la nube se deshace en rocío,
y permanece en el campo para siempre.

En este instante aprendí a despertar el silencio
en todo lo que nombro. El Uno calla.

CAMINAR DESCALZO

> *Dios está en todas partes; algunas personas necesitan*
> *un jardín para descubrirlo.*
>
> RUMI

Si viajar bajo la luna
alumbra las tinieblas,
somos navegantes de sombras.

La noche alaba en silencio
al día que bebe en la fuente.
Y de la Nada brota la nube en el cielo,
el viento en la estrella,
el río en la tierra,
el arco y la flecha,
la palabra en silencio,
la flauta que canta,
el templo vacío,
el beso en la rosa,
el pensamiento que vuela.

Espíritu y cuerpo llegan y se van,
escriben una caligrafía del firmamento
buscando en el pecho el color del fuego.

Lo simple, lo cotidiano, lo olvidado:
en la arena la última huella.
Hoy cantan los pájaros y baila el camello.
Cae la lluvia. Todo es gracia,
                                      eternidad.

BRILLARON

En esta hora oscura
alguien llamó detrás de la luz;
las flores del jardín perdieron su color.
Brillaron las tinieblas.

Un ruido
se transformó en camino. Camino hasta la
 transparencia.
No había nombres, ni etiquetas ni mentiras:
¿Qué era? La tierra
giraba flotando entre el océano.
Océano de oscuridad,
completamente desbastado mar adentro.

El tiempo ha pasado, la vida ha cambiado.
Aun
sigue sin definirse la distancia entre dos noches.

LAS PUERTAS ESTABAN CERRADAS

cuando las puertas estaban cerradas...

JUAN 20, 26.

Las puertas estaban cerradas.
¿Cuál mano cerró las puertas?

Enloquecidos el barro y la sangre
no fue ilusión el pan y el vino:
tormenta de fuego en las entrañas
que purifica el vacío y delata la indigencia.
En armonía
surgió un abismo que lo encumbra
hasta el perdón de los pecados.

Recluido en la memoria,
dimos otro nombre al cuerpo,
a la ternura de lo verdadero:
abrazar el ser y la palabra.

Todo en uno, el universo.
Lo ínfimo
recogido en un solo pensamiento
como si Dios paralizara el devenir:
de repente,

entraron las estrellas, la liberación, el amor.
La puerta permanecía cerrada;
revoloteó una mariposa:
                    tiene alas el dolor.

FLORES

Flores sobre agua negra,
sombras en la noche.

Flores sobre agua blanca,
reposo en el cuerpo.

En silencio prestan un servicio,
como las palabras, las nubes o el sueño.

Callado río de flores donde desborda el llanto
y cantan las aves. Madre de lo que vive:
la muerte trae la existencia.

En ellas amamos las espinas:
una mirada resplandeciente
en la lejana aurora.

MAREA BAJA

> *La mer, la mer, toujours recommencé!*
>
> PAUL VALÉRY

la marea está baja. no podremos
bañarnos. un desierto húmedo.
la espuma nos separa.

la tristeza, la silenciosa distancia.
guardaba algo aquel día: el mar se expuso
sin que nadie se lo pidiera, descubrió

su vida íntima, oprobio cotidiano:
de los oleajes emergieron los sucesos.
decrecía el mar entrando y saliendo,

saliendo y entrando de las profundidades,
vestido en la arena llama y lastima,
recoge en su lecho el límite de su voluntad.

aun la ola más joven se sumerge en la tierra
y bajo los pies duerme en una tumba
sin la violencia de la costumbre.

la ausencia se baña dos veces en el mar,
muere y resucita en un instante,
luego se recogen las cosas que se muestran sin
        quererlo.

cuando otros caminos pasan por la mente
se piensa: es la hora de contener la respiración
y sumergirse buscando la eterna calma.

cuando se mira la costa en marea baja,
quizás buscando las palabras,
aunque parezca una deficiencia del lenguaje,

las palabras, esa falsa realidad,
pretenden una luz sobre la playa.
como la sangre derramada

se hunden en camisa de olas.
entretanto, desciende la vista al otro lado
y se recorre el espacio, paso a paso,

con los restos del mañana bebidos por el viento.
es difícil resistirse si la luna se ahonda
y en el horizonte asoma sus cuernos:

abajo, las huellas buscan la visita
de un caracol dormido sobre estrellas apagadas.
abajo, el amplio cielo se estremece

con la lluvia y el verano, el pasado y el futuro:
la consciencia del instante.
en este recorrido los hilos de plata bañan

los árboles desnudos roídos en breves sarcófagos.
árboles cuya memoria
convive con el sol y el viento; es el largo llanto

en este desierto de presencias;
cuando de repente una gota
en la inmensidad vuelve a su hogar.

sin ataduras, sin pudorosos destellos,
desciende el olvido del olvido si pudiera
el mar abrir sus puertas como si gritara libertad.

¿qué sería de la ola sin cada gota?
¿qué sería del mar sin sus olas?
¿armonía salvaje ennoblecida por las sombras,

por la quietud, por la distancia?
navega la soledad, hermana del tiempo,
con el amanecer: el abismo escribe

sobre el cuerpo con tinta de medusas.
sin saberse, esta profundidad denuncia
lo cotidiano; lo completo se desvanece,

simplemente es un designio arrebatado, vaciado;
la ola vista y no vista, conviviendo en la misma
          morada:
tan cierto como un círculo presentido en su
          expiración.

desde entonces, cada noche, cada día,
el mar abre su corazón a un hombre, a una mujer
que en silencio contemplan la herida en la arena.

SILENCIO Y AUSENCIA

labio con labio
silencio.
mano con mano
silencio.
cuerpo con cuerpo
silencio.
silencio, silencio, silencio.

desciende vegetal
oscuridad
de nieve
en carta no escrita
a las estrellas.

Dispuesto a volar,
sombra gritando en las palabras,
ausencia.

Descendieron los ángeles

> *Qué terribles los ángeles!*
> R. M. Rilke

¿Son terribles los ángeles?
En sí misma la perfección
nunca opacó la eternidad:
sus alas atraviesan constelaciones,
y en ellas se vislumbra el poder divino
como franja entre el cielo y el mar.

Su nombre es Claustro,
anunciando devociones del amor
entre Sus manos.
Este milagro de la forma sin forma,
la Verdad que del Verbo desciende.

¿Cómo podría admirar Tu belleza?
Opacando el ruido de las hojas:
icono en el vacío de la realidad
a tu imagen y semejanza.

Preserva los cuerpos con las manos del sosiego.
Mi sueño no es el sueño de los ángeles,
del tiempo en la noche del desierto.
Nunca lo ha sido.
           Siempre.

GELASSENHEIT

> *Pero me basta un cuadrado de sosiego*
> *Hacia la distancia infinita.*
>
> DANIEL FARIA

en la cima del monte,
un aroma a hierba fresca
se extiende por el campo.

el camino se escucha
cuando la armonía repentina
baja hasta el corazón,
sin risas, sin lágrimas.

se suspende el combate;
descanso
de los rostros invisibles
en las ramas de los árboles.
definitivamente el equilibrio de la brisa
sobre las laderas y las colinas
encubre el tiempo.

así lo perciben las aves,
las aves que vuelven y anidan,
las reflexivas vacas,

las fugitivas mariposas,
la inaudible música de la hierba,
la nostalgia de los caracoles en invierno:
adentro y afuera inseparables,
el abismo de la quietud,
     Gelassenheit.

el cuerpo es sol en la espesura
aprendiendo a respirar en el silencio:
lo que ha llegado, lo que se ha ido,
lo que llena el vacío,
lo que será en verdad.

desde aquí la presencia repentina
de un jilguero en las ramas de los cipreses.

UN SUEÑO COMPARTIDO

Para Beatriz

Alcanza el poder de los signos
y de los sueños.

SAINT-JOHN PERSE

Esa noche, tú y yo,
soñamos el mismo sueño.

No soñamos como Chuang Tzu
que éramos una mariposa que soñaba a ser
      Chuang Tzu;
tampoco con bibliotecas de laberintos como
      Borges,
ni caímos por un abismo sin fondo como
      Moby Dick.

Soñábamos que soñábamos estar soñando
uno al lado del otro.
Soñé que tú soñabas que eras yo,
que yo soñaba que eras tú.
Mi sueño en ti y yo en tu sueño
con las manos detenidas suavemente
afirmando la seguridad de estar juntos al amanecer.

Sueño que te acaricio.
Soñé con tu pelo largo,
los contornos de tu cuerpo,
tu sonrisa que me hace reír.
Soñé con tu vida y mi vida y otras vidas:
el canto, la danza, el mar y sus revelaciones.
Tus ojos cerrados suscitando universos
        inconscientes.
Me miraba la verdad de tus sentidos.
Sueño que te beso.

Soñé que tu no necesitas soñar
cuando la vida se despierta más allá de los sueños.
Compartimos la soledad que una vez existió
en este viaje a las entrañas de los sueños. Así,
confundidos sobre la almohada
un barco de velas navegando entre los brazos.
En tu sueño se retrata mi sueño y en el mío el tuyo,
descubridores de un mundo sin mapas.
Sueño que te sueño.

Nadando en una luz más grande que la ausencia,
aves revoloteando sin expiación
sobre la habitación dormida.
Te reconozco en mi sueño:
me deformas, te deformo,
nos deformamos mutuamente
como formas que se forman
y transforman en el sueño y en la sombra.

Aun nos hace falta sueño, mucho sueño.
Sueño que te invoco.

Tú en mí y yo en ti.
Como uno solo en el amor compartido
viviendo la realidad de un espejo en blanco
repleto de imágenes. ¿Y no será lo mismo
vivir que soñar el mismo sueño? Soñar este sueño
sin dolor ni desaliento. Sólo existir
envueltos por el sutil olor del ensueño y la ternura,
sin otra forma de ser sino en el sueño.
El corazón del sueño en el corazón contigo
añorando el sueño primerizo. Mariposa
del amanecer bajo la luna. Nunca
podría ser un buen sueño sin ti.
Sueño que me despierto.

No sé si te acuerdes de mi cuando tú despiertes.
Yo tampoco lo podría decir. Pero sé
que a tu lado vivo el sueño de soñar en ti.
Este sueño sostiene nuestro sueño,
el tuyo y el mío. El sueño de todos
sobre la misma tierra. Yo, por mi parte,
en el silencio de la aurora,
sigo soñando tu sueño:
Eternamente, sin fin.

Cuando hoy es hoy, la flor es flor, y un domingo verano

> *These are the days when birds*
> *come back.*
>
> EMILY DICKINSON

del tiempo surgen las flores, lo dijo el *i ching*.
algo así como: todo fluye, nada permanece

¿será cierto que, como señaló el sabio pesimista,
no hay nada nuevo bajo el sol?

en tanto se desvanecen las sombras
en un amanecer de domingo en verano,

la apariencia, hermana de las lluvias,
cambia de altura reclamando las horas.

este movimiento de las cosas sella el devenir,
aquello que subsiste en la impermanencia:

la sonrisa que palpita un instante,
el agua que se escapa bajo tierra,

el viento sobre los árboles, la efusión del mar,
el aleteo de la mariposa, el paso de las nubes.

blanco era el mundo con el sonido de las estrellas
cuando regresaron las aves; las aves de la

música callada, la soledad sonora
el subir y la cumbre de San Juan de la Cruz.

de nuevo el trueno en la montaña, la corriente del
        río,
la fugacidad de las rosas, el último suspiro:

como el amor, como la despedida,
como la flor que fenece entre las manos;

un camino en cada cosa, tránsito luminoso,
identidad del alma y la materia
permaneciendo más allá del cielo.

Delante de las palabras

> *me venció con la luz de una sonrisa*
> Dante

Cuando más allá de las palabras habite la nada,
mirarás acaso tu retiro vacío; una embarcación
partirá con las lluvias llevando una flor y un colibrí.

Un manojo de sueños
cantará un himno de llamas
ardiendo al amanecer en tu soledad.

Una hermosa luz, una buena luz,
se hará visible sin pena,
tan solo el rumor de luna y estrellas.

Si breve es la vida, un vuelo de aves
desafía la niebla; leyendo el tiempo
un instante atraviesa el cielo y la eternidad.

Duerme el verano, recoge el invierno
el cuerpo, los ojos, las manos, los pies,
el alma a la sombra sin olvido.

La alta media noche despierta,
dilatando radiante amplitud,
donde nada es lo que aparece.

Aún en la ausencia
muere el desconcierto, regresan los seres
y caen las hojas en un manantial.

Quien camina ignora el camino;
las apariencias viajan,
solo basta el caminar.

El sueño es de nuevo vigilia,
grito en la otra orilla,
susurro, vacío: actualidad.

EL SILENCIO COMO ARMA

Entre un jardín de rosas y un campo de
       concentración
el mundo sobrevive en un cuarto pequeño
fingiendo un destino. El mínimo
en el que nada ha cambiado
ni aún la muerte, desplomándose de cabeza.

Alguien dijo que era como un sueño,
tal vez un escéptico con el cerebro dañado
buscando cierta notoriedad, un minuto de fama.
No te hagas ilusiones:
aun los grandes eventos caben en una bolsa
       reciclable.

Esto no es fácil de explicar si no has roto las
       ataduras,
si no has estado en la oscuridad bajo fuego,
y no has soñado con un día de paz bajo tu techo.
No se crea en un desarrollo darwiniano,
más bien es un paso a paso
como imperativo histórico redefiniendo la
       libertad.

Si caminás mirando el lado oscuro de la luna,
podrás silbar una tonada con efectos especiales
armada de posverdades.

Un *tempo* de explotación gradual,
lo que sostiene un eclipse en el futuro.

Mejor dicho,
de vigilancia efectiva girando sobre ti mismo
en el desequilibrio de la devastación.

Y cuando te bebas un coctel *molotov* asegúrate
de los pasos bajo tu conciencia,
y no te sorprendas de tanta locura.
Al fin y al cabo, los seres humanos
engendramos esta civilización.

GRITARÍAN LAS PIEDRAS

> *Padre nuestro, posterga los hechizos.*
> *Ponme peso de siembra en las pupilas.*
>
> RODRIGO QUIRÓS

Y sin embargo miramos la realidad desde la
    esperanza.
Aunque levantáramos la cabeza
escaparían lo unicornios,
las islas lejanas,
y los árboles de oro
reflejados a la luz del día.

Si el camino es largo
eso a menudo funciona si le pones música,
o una película en blanco y negro.
Aunque la inocencia se fuera de paseo
necesitaríamos poner orden a la belleza
en la danza del universo.
Y si descubrís que el tiempo en ocasiones no
    existe,
necesitaríamos disimular nuestra ignorancia.

Aun aquellos movimientos
a los que no les podríamos dar un nombre.

Y no entenderás lo que siento
aunque cumplas un rito de intimidad.

Sabés a lo que me refiero
porque no puedo agonizarme más en este poema.

A veces un daño en el cerebro
nos vuelve lúcidos: la astucia de la historia.
Al fin y al cabo, todos somos filósofos;
pero nadie quiere escuchar la verdad:
un océano invisible de infernales llamas.
Solo estábamos de paso: a lo mejor
como un ensayo, como un simulacro.

Y yo creí que era la verdadera realidad.

Más que cualquier cosa como una representación,
un teatro callejero, inoportuno.
¿Armonía salvaje ennoblecida por las sombras,

por la quietud, por la distancia? Conociendo el
      cuerpo
como se aprende una lengua extranjera,
compadecido por los ángeles.
Tal vez sólo tenemos las palabras.
Y también las piedras del subsuelo,
las que gritarían si yo callara.
Si yo callara, gritarían.

TARDÍO Y ERRANTE,
DE ANTIGÜEDAD EN EL TIEMPO

> *El deseo de luz,*
> *produce luz.*
>
> SIMONE WEIL

Imaginadas las cosas como signos,
cuando no existe el misterio en ningún lado.
Origen
        de la música, la poesía, la danza, el canto,
se distinguen las formas en las imágenes:
                      sin aliento,
buscan una relación
        con la verdad y la belleza en el alma.

Afectos puros al contemplar el icono reflexivo
lo sólido singular, concreto,
                permanece en la ausencia:
lo Absoluto.
        Son variaciones de la vida y la muerte:
sucede todo el tiempo, aunque no se distinga.

De ahí brotan las plegarias, la luz, el sueño,
la reverencia tras cada tormenta:
lo cuatro elementos,

     la leña del camino, el riachuelo
que mana del interior
       cuando lo indefinido nos eleva
hacia el Silencio.
      En una lengua que es de todos,
más allá del universo,
      canta lo que pasa,
lo contemplado en el jardín,
        así en la rota tragedia
de la iniquidad.

Con dardos de historia la luz
       escribe los senderos,
fluyen los ríos
    y nacen las sombras tardías
    en conciliación de anhelos.
Testigos de gestos heridos
      los árboles impresos.
De repente, sin proponérselo, brota
la abundancia en conjunciones auspiciosas, aun
en la indigencia, aun
      en el dolor y la desdicha.
Con la arena pretendemos construir ciudades
que excedan lo pasajero,
      caídas sin perdón en la memoria
cuando se despiden las posibilidades del
   encuentro,
de la evocación del cuerpo y del olvido.

                          Se recuperan,
aun tardíamente,
              en la nueva identidad del deseo,
de la indiferencia acosada por las tinieblas de la
       extinción.

Deslumbra en la fe
              el Todo, la Nada,
la Nada en el Todo compartiendo ausencias,
el destino del hombre,
              nuestro destino
       en Aquel que es siempre más, mucho más.

Lo eterno de la mañana se escapa en la tarde:
fruto de la pasión, sin prisa,
              sin lo que es,
                            futuro.
El proyecto hecho de tierra, del pan, del vino.
              En sacrificio austero
bebe la noche en vuelo de palomas:
              el canto.

No parte la nave,
       aun acaricia el oleaje la costa de las horas:
camino a casa:
              hogar de bosques primigenios,
desnudos,
       tan solo cubiertos de melancolía;
gira el corazón de espigas en vértigo de torbellino,

el tiempo.
        Si reposo, nunca del todo es el descanso
cargado de interrupciones.
        El primer paso hacia el conocimiento
es tan solo eso,
        el primer paso hacia las apariencias.
Menguada la vida aún falta la poesía,
        el ojo de Dios
¿Lo sabemos acaso? Retorno,
        condición inmutable fundida en la luz.

Un dedo puede destruir los rostros,
        una palabra en los círculos de agua,
círculo de sueños.
Umbral en el cual respiran las hojas del olvido.

Con firmeza en las alas se orientan las aves,
        en un cielo nocturno:
las manos recogen estrellas,
cosecha temprana, cosecha tardía:
        ¿Alguna diferencia?

Cuenta la dignidad de los pasos el paisaje,
y sobre todo
        dormir con los brazos abiertos:
            peldaños al cielo.

La simplicidad en mí,
                la simplicidad de ser entre otros,
entre las cosas,
        interrogación.

En la media noche, profunda,
                el sol crepita a veces,
y se escuchan todas las lenguas de la fraternidad.

La acogida es entrega,
            la entrega,
                    liberación;
vestíbulo sin fronteras de antiguas fantasías
disueltas en máscaras que se desvanecen.

El centro está donde canta un pájaro,
                    donde cae la lluvia,
donde nace el amor.

Manantial de verdades inamovibles:
                    los puños apretados
con la sincera belleza de lo superfluo. ¿Existe
    algún nombre
que perdure
        en la vida y en la muerte?
                Gratitud en la indiferencia.

     Ilumina, brilla, resplandece,
en el sueño que llevamos dentro.
Los lazos, si retiene,
    ahorcan,
asfixian; duran lo que dura el fingido velo:
las malas hierbas
      en las oquedades de la mirada.
Luz,
rareza de la conciencia,
espacios vacíos de singular belleza
en esta elusiva
     naturaleza del espectro.
Tenderse al sol en este territorio sin fronteras
sin temor
   a perder lo que nunca se ha tenido,
sin temor
   a perder el eterno canto enamorado.

Somos lo que somos en instantes fugaces,
minúsculas piezas
    de un reflejo vacío.

En las zonas intermedias de las alegrías y del
   sufrimiento,
no hay mucho que decir.
     Exagerado sería decirlo todo,
y no es nada guardar silencio en
    este bautismo de la transparencia.

Pues cumplir el ritual
                     es llenar los espacios abiertos:
en Él vivimos,
        nos movemos,
               somos.
Don de Ti ser en mí.
                Por Ti sin apego al ser:
resucitar.

En Él aprendimos a saber lo que no se sabe:
el Ser es la ausencia:
                Ausencia de Presencia,
otredad, ofrenda,
           relámpago de sombras,
                   itinerario, desierto.

Al final, la caridad abre las puertas:
pesebre de ceniza y aliento,
                extática belleza del mundo,
cual manuscrito
          trazado en la virtud errante:

Descalzo el cabello
             sobre la piedra, duerme.

ÁRBOLES DE PENSAMIENTO

Los árboles de alguna manera guardan la
    memoria:
del cielo de noviembre, la lluvia, el sol del verano.
Es la época cuando florecen las nubes,
las visiones y las tardes bañadas por el sol.

Mirando su parsimonia
pienso que la compasión existe sobre la tierra;
por mediación de los árboles llega
a los hombres, a las mujeres y a la historia.
Pero siempre señalan hacia lo alto,
un recordatorio de nuestro futuro.

En ellos las aves escriben relámpagos efímeros,
relámpagos de eternidad.

ES LA HORA

> *Yo me iré.*
> *Y se quedarán los pájaros cantando.*
>
> JUAN RAMÓN JIMÉNEZ

Es la hora.
Un nuevo hogar acoge tu alma. En el horizonte
se oculta el sol evocando exilios.

Ilumina las fatigas el canto del mar
y deja una salida a las estrellas. Salmos de espuma
son las promesas incumplidas:
extraña inmaterialidad de nuestra dicha.

Un girasol deja huella
en este cielo sin nombre. Alta es la brisa
que aguarda el olvido. Pasarán las horas,
marchitas las primeras, mudas las últimas;
se irán también los nombres implorando
        nostalgias.

Lentamente la sombra extiende su lejanía
y su asombro. Sueñan las flores sobre la tierra.
Distantes los cipreses y las campanas
presagian la nueva aurora,
                cantando.

UN ECO ECO ECO

> *Me habías arrojado a lo más hondo*
> *del corazón del mar;*
> *la corriente me arrastraba.*
> *Tus olas pasaban sobre mí.*
>
> JONÁS 2:4

El eco se escuchó como si llegara el invierno;
recién estrenada en su memoria las gotas
en los propios diálogos.

El tiempo luego tomó lo perdido
en la otra orilla. Mientras tanto,
unas gaviotas introspectivas
suspiraban un *Requiescat in Pace*
por los pescados ocultos en cajones submarinos.

También el tiempo me lo había dicho:
te vas. Y sin piedad alguna
ofreció la austera soledad de un eco
mientras respiraba el olor azul y verde del mar.
El aroma de Dios.

DE PRISA UN POEMA CASI ANTIGUO

> *I only know I was there*
> PATRICK KAVANAGH

Sólo quien brilla, engendra sombras;
sólo quien camina, olvida el camino;
sólo quien sabe, calla.

Como en un poema chino lo grande es
       despreciado,
y aclamados los negocios fraudulentos
casi unánimes.

Escoger la armonía con la naturaleza:
el agua en las manos, delirio de humedad.
Te lo dije muchas veces: Resguarda el Horizonte,
mar abierto. Despójate de los zapatos y avanza.
Al fin, con la mente se comprende
la experiencia de las palmeras lejanas.

Por un instante Tú enciendes la luz del alma,
la vieja luz callada en la mesa servida.
Te conozco en mi vacío,
Tu Nada en mi Todo:
el tiempo para siempre reclama lo perdido
por mí, por Ti,
          en lo esencial.
El resto es silencio.

ORACION CONTEMPLATIVA

Me imagino que nunca tuvo
una verdadera idea de lo que quería.

Un día descubrió
que la carne es débil y también lo es el espíritu.
Nacer y morir subiendo y bajando
más allá de la semántica:
                              oración contemplativa.

Desde entonces cuida el césped del jardín,
aun respetando las malezas:
                            que no se apague
                            el brillo de la eternidad.

Ahora, con la rodilla doblada,
finalmente triunfa sobre los oscuros espectros.

Mirar las estrellas

Está libre de todos los nombre y desnudo de todas las formas,
completamente desasido y libre
tal como Dios es desasido y libre de sí mismo.

Meister Eckhart

Cada vez que miraban las estrellas,
estaban más juntos;
como dos caminos que discurren
hacia igual misterio.

Cuando estaba solo
miraba sin ver lo que Tú ves;
sentía que tomabas mi oscuridad
y la vaciabas como el vino de tu propia sangre.

Pensaba que saliendo de la casa nunca volvería;
pero muevo los dedos y bendigo la mañana.

Con el corazón puro se ensancha la mente,
mientras abrazas su historia viva y sincera
en este alba cotidiana.

Los recuerdos son reliquias que florecen en el olvido.

Las estrellas permanecen, aunque no se adviertan:
hermanas de este sol que figura tu infinito
 resplandor.

Como si fuera un barco que zarpa,
emprendo la travesía a lo largo del día;
a lo largo del misterio de la ternura y de tu Amor.

ACOCOXÓCHITL

> *Sin saber de dónde ha llegado,*
> *como el perfume de las flores,*
> *la profundidad en el jardín de la vida.*
>
> HERMAS MARTÍNEZ

Te traje un ramo de dalias que un amigo cultiva.
En ellas hay algo de serenidad,
quizás de impermanencia.

Pero no te confíes:
cumplen un ritual buscando el sol cada mañana;
lentamente se mueven, como tú cuando miras
      pensativa
más allá de la música.

Estos *tallos de agua,* con pétalos y colores,
perfilan un camino desde el cuarto creciente
hasta el cuarto menguante. En silencio
recogen del canto y del alma
tu sensibilidad imperecedera.

Es quietud que contiene la memoria
de lejanos países y ciudades que nunca hemos
      visitado.

Pero en ocasiones desatan las respuestas
a las dudas y a la confianza.

Desde su interior asciende algo de verdad:
oraciones
que vuelven visible lo invisible.

Lentamente, recogiendo el tiempo,
descubrimos que la *acocoxóchitl*
es un manantial donde brota la luz
que añoramos en la profunda medianoche.

Por una grieta se asoma

...una grieta por la que asoma el Infinito.

Como si fuera un pacto en la travesía de sombras
una grieta detuvo su carrera
sin pedir permiso a las tinieblas del mundo.

Por un instante
los ojos se apagan, la boca enmudece:
la bruma oculta la luz.
                Delirios de relámpago la desnuda piel
se cubre de misterio.

Desasida de abandono,
                despego,
                        vacío de sí,
                                silencio interior,
nada.

En esta soledad brota la compañía,
la belleza de la infinita soledad.
Tan útil para el mundo como el
Crucificado,
        Pobre de los pobres, pobre sin por qué.

Dilatado el corazón imposible sostenerse en el
 abismo.
En breve reposo apremia el amor que ama en la
desaparición,
sin huellas.
　　　　　Abajamiento.
El desapego no es indiferencia.
　　　　　　　　　　　Escuchamos mal.

En cada sombra, en cada instante, asoma
la huella de la creación; silenciosa
brilla el don de la Gracia.

Atrás dejó una marca borrada en el viento
cuando su trazo derrotaba la desigualdad
en la disolución de apariencias. En ella
se vislumbra la realidad más allá del fulgor
del mundo.

¿Por qué hay formas, figuras, sombras y colores?
Centro de contingencias,
de brazos como flores en naturaleza
　　　　　transformadas:
¿tu naturaleza es un yermo abandonado?

La grieta
　　　　abre sus alas como un pájaro: la vida
se vive como la muerte en esa oquedad.

Separa la hiedra en pálidos mundos imparciales;
aprende a construir un nido en las desolaciones,
intimidad de certezas ajena al tiempo:
presencia de lo invisible en lo visible entre dos
      surcos;
ventana que vislumbra ajenos destinos. Nostalgia
de bosques, jardines y campanas. Crucificado el
      ser
con nuestras propias manos.

La luna
      construye una línea sobre la noche
y anuncia la callada indiferencia de las cosas.
Aquí desaparecen las estrellas,
transformadas en vigilia exploran la confianza
y pronuncian la palabra epifanía. Sobre ella
el viento se detiene, las nubes pasan:
el humo de la pipa de la paz.

Recorrer esta valentía derrotada
es ascender a cuerpo sideral.
¡Qué profunda realidad llevas en tu alma!
Figuras tangibles cuando el musgo se llama
      poesía.
A fin de que la víctima reproduzca multitud de
      formas
aun florece esta cicatriz:
                      una cicatriz de Dios.

ERA SUFICIENTE

> *Like a rolling stone?*
>
> BOB DYLAN

Era suficiente estar satisfecho con una taza de café.
Sólo eso.
Me lo tengo merecido por exigir demasiado.
Sin saberlo.
Mi mente pensó que pensaba en un enigma extinguido
escuchando aquellos pensamientos ajenos:
el humo blanco detrás de la puerta.

Es curioso cómo a través de mi cuerpo las palabras
regresan sin darme cuenta
                  tratando de navegar en la arena
para alcanzar las memorias del subsuelo.
Y se alejan como nos abandonan los saludos.
¿Será eterna la decepción?

En este vacío
nunca será suficiente un mensaje;

como aquella canción que no podía sacármela de
        la cabeza:
una cicatriz en una cara de piedra. Es un sueño

        dentro de una habitación capaz de
        confinar los reproches
cuando el recuerdo del deseo es deseo
y el dolor su compañero.
Por un momento traduje mi historia;
la medianoche trae los límites.
Después de las derrotas: el silencio,
purificado en las entrañas de la tierra.

No sabría tanto de lo cotidiano y de la eternidad
si me lo hubiera propuesto. Confieso que
hasta los nombres se me confunden,
como un niño pidiendo un caramelo inexistente.
Ahora lo escucho a tiempo, con este tiempo.

Siempre sigo una sombra en la dirección equivocada.
Cuando el aire se disipa surgen de la niebla
la montaña, el mar y los sucesos: los míos.
De haberlo sabido diría que esto tal vez nunca
        existió.

La caverna iluminada

> *sino que entre solo así*
> *y está allí.*
>
> Meister Eckhart

En mi sincera ignorancia,
que me acompaña como un perro fiel,
aprendí a reconocer los caminos
desde el amanecer hasta el ocaso.
Algo así como elevar la consciencia
y confraternizar con un pequeño pueblo de
      verbos conjugados.

Comprendí, con alguna confusión,
las distintas historias y los colores del cielo:
un libro con páginas ilustradas que en la infancia
      miraba flotar
sobre los sueños.

Siempre algo se escapa
por más que trate de apresarlo entre las ideas
      arquetípicas.

Después de todo, los caminos
miran despiadados el fin de la ficción

y mi querido silencio sube
como una flor pura desde el pantano.

Miles de estelas de aflicción en el cielo,
acaso el susurro de mástiles piadosos,
suscitan imágenes indiferentes con su delicada
        timidez.
Separadas como si fueran dioses abandonados;
como si la impenetrable melodía
extendiera sus manos hacia las sombras,
hacia las hileras de imágenes conocidas.

Aquel día el calendario señalaba
la confluencia del cielo y la tierra
en constelaciones auspiciosas
y recogía los susurros de la lluvia y la tragedia.
¿Dónde está el descanso?

Los pliegues bajo las estrellas,
palma de la mano, aun
buscan el calor en las hogueras
que perdimos hace tiempo, una caverna a oscuras.

No más presagios
que me quitan el sueño.
Arrastrado por el sucio camino al Coliseo,
o durmiendo en una cabaña de paja congelada.

No más utopías
donde los muertos son vivos y los vivos muertos
y las sombras confunden realidades
confraternizando la palabra
con el mar y el sí mismo
hacia el discordante nosotros.

En el vacío el abismo se me hizo familiar
como un ronroneo del pasado
sin importar el futuro:
corriente de vida, corriente del adiós.

ARREPENTIMIENTO

Quédate, porque ya oscurece
y el día se acaba.

Lc. 24, 29

Aquellos que nacieron y se entregaron
a la tierra
bebieron el vino de sangre.
Gozaron de sus frutos.
El temor los acompañó:
sombras a través del Averno.

Profundamente arrepentidos,
comieron del Cordero pascual,
como hicieron los doce apóstoles.
Y cantaron himnos
como cantaban Marta, María y Lázaro resucitado.

La libertad de espíritu llegó con la humillación y la
        pobreza:
la libertad de los Hijos de Dios.
Por esa época
el cuerpo se convirtió en templo.

Y la tierra fue bienaventuranza,
la rosa fue María,
las estrellas el cielo,
el mar su voz.
Los astros caminaban
persiguiendo la utopía de la infancia,
mientras evocaban los ecos del verano.
¡El Reino de Dios está entre nosotros!

Mientras tanto un bosque primigenio

mi ritrovai per una selva oscura

Dante

En la oscuridad desgrana el reposo
un diamante de espigas.

Es invierno, la estación lluviosa.
Surcos y obeliscos,
se elevan confiados
desafiando el límite,
desafiando la eternidad.

Es el árbol hijo del bosque y padre del bosque.
Anhelo de almas secretas
cediendo a la condición de morir.

Las manos en columnas,
ramas de estrellas,
luz impenetrable en esta presencia vegetal.
Desde la soledad compartida
la profunda tierra se eleva hacia el ocaso.

                Estoy seguro:
                        Muchos vivirán
                        en las sagradas colinas.

MED-ITACIÓN

> *La mente que percibe la vacuidad*
> *es una consciencia mental...*
>
> JEFFREY HOPKINS

Al pasar la noche, muchos años atrás,
devolví lo que ya no necesito.
Permanece el aire y la tierra, el fuego y el agua:
ángeles guardianes a las tres de la mañana.

La tierra de los vivos es un lugar extraño,
donde vivir es descubrir que el sueño es
       imposible.

¿Qué se busca cuando ya se ha encontrado?
¿Qué se pierde cuando ya no se busca?

Es la luz un ave matutina,
un ave de sencillo regreso.

Aun en el vacío
          permanece la ausencia
de un pájaro madrugador.

LO PRIMERO

¿Qué es primero: la muerte o el silencio,
el silencio o la muerte?
Me viene bien el tiempo transcurrido que pasa
como las nubes, como las naves, como las sombras,
según dijera Horacio. Quizás se sorprendería
al descubrir que sus palabas no han pasado.
En esta hora al escucharlas siento un
        estremecimiento,
un grito mutuo de solidaridad sin rostro.
Como el yo y el tú que se apodera de una
        invocación.

De vez en cuando una sonrisa borra
lo que representa una nube suspendida
alrededor del amanecer. Una nube que parte,
una nave sin sombra.
Para descubrir que llevas en tu bolsa
la última palabra como una reconciliación poética.

No todo se extingue

No todo se extingue cuando en la ausencia
permanece la música y el silencio.

Acontece una nueva forma,
conserva una luz en la última mirada.

Como una mañana de verano que imperturbable
regresa una y otra vez anunciando la premonición.

Entonces la lluvia sobre los helechos
evoca los límites de un principio y de un final.

Por último, todo aparece como una película
cuya lógica sería la disolución en el amor.

EVOCACIÓN

Era imposible imaginarlo aún en sueños,
para eso recurría a las Escrituras;
lo que ya sabemos, lo otorgado para siempre.
Como si fuera un *spoiler* de hojas
que cantan en el viento por el mal camino,
respirando la cosecha.

Lo que sucede entre la bruma
cuando atravesamos el Cerro de la Muerte
con los focos encendidos evadiendo el abismo,
la profundidad de las sombras;
tanteando el terreno con las ventanas cerradas
como si fuera el final del precipicio.
Y desenterrando
del frio formas sinuosa oscuras y blancas
¿Un final feliz?

De repente añoramos la casa,
el café, el pan, el olvido eterno.

BARCO A LA DERIVA

No dirijo el barco,
                    navega a la deriva;
de día el sol desciende, de noche lo eleva la luna.
Me recuesto en el mástil,
                        contemplo el horizonte.
Y escucho tu nombre secreto.

Tú conduces mi nave con mano firme y segura.
Más allá de los astros tu caricia es silencio.
El silencio es mi itinerario.
Tú itinerario es mi camino sobre el mar.

CUANDO TE MIRO

Cuando Te veo,
en la noche cada estrella tiene Tu nombre.
Cuando Te miro,
contigo nace la luz del día.
Cuando Te contemplo,
el mar es tormenta, encuentro y despedida.

Como aquel nombre
que nunca recuerdo
aunque dé vueltas por mi cabeza
revoloteando como si fuera una mariposa en el
      jardín.

EXCESO DE ASESINADOS

él lo dijo, y existió,
él lo mandó, y surgió.

SALMO 32,9

Tenemos demasiados asesinados. Está oscuro:
perdemos la memoria en todo el mundo;
en cada cuerpo asesinado yo soy asesinado.
En los límites las formas son más sugestivas.
Como si fuera una epifanía repentina. Y poder
      decir
sin ofender:
              Agradezco mucho tu presencia,
pero, por ahora, no necesito que me interrumpan.

La serenidad es una herencia extraviada;
en ocasiones se confunde con el amor
olvidando las palabras apropiadas, distintas.
Donde nada sucede,
la inmovilidad de una antigua fotografía
en sepia, incorruptible.

LA VIDA SIGUE, ¿CÓMO SIEMPRE?

Era de todo, por eso,
en la almohada una página que se pasa,
en una bomba que explota en la doctrina.

Cuando traté de hablar
las palabras se convirtieron en cenizas,
flotando sobre este lago,
aun en invierno, aun en verano;
con la luz llega
la sombra presentida.

Renació su ausencia:
los hombres primero,
dejan un recuerdo pasajero. Luego
se apagan como cualquiera, duermen.

De los frutos:
el encanto de la partida,
el encanto de la brisa del mar.
Antes que la vida llame de nuevo,
antes de que el sol ilumine los rincones:
cuidadosamente el olvido resguarda la soledad.

Hoy, mañana, cualquier día
llegará el viaje: un anhelo
inoportuno de volver a mi hogar.

En tiempo real

> *Oh Tú, el más allá de todo.*
> San Gregorio de Nacianzo

Se dice muy rápido.
¿Sabemos, acaso, lo qué es el tiempo,
      lo qué es la realidad?
Mi tiempo es temprano esta tarde,
tanto como real es la realidad virtual.
Mas temprano es cuando nací y más tarde
      es cuando muera.
Real es llegar a casa, irreal es la imagen
      de la llegada.
Me gustaría vivir en tiempo real,
es decir, en la verdad de la realidad.

¿Existe alguna diferencia
      entre la lluvia y el verano?
Cuando huele a tierra mojada es la realidad,
cuando se levanta el polvo es también realidad.
¿Cuánto tiempo se tarda en pasar de una a otra?
Hace mucho pensaba que el sueño
      no era realidad.
En el sueño hay otra realidad en otro tiempo.

    En la vigilia
es lo mismo sin saber de qué se trata.
    Incrédulo el corazón
busca la realidad en la imagen del espejo.

Las flores son reales, los sentimientos son reales,
es real el pan en la mesa y el agua en la jarra:
el hambre es real y la sed es real.

Es real la firma falsificada como el falsete
    de tiempo real.
Es real el reloj en la pared,
sus manecillas marcan la realidad del espacio
    en tiempo real.

¿Cómo no saberlo?

El Padre, el Hijo y el Espíritu Santo son reales,
¿en qué tiempo real? El mar de Agustín,
el infinito de Tomás, la nada de Eckhart,
    la danza de Rumi
¿son acaso realidad más allá de la realidad?
Demandan admitir su realidad
más allá de la realidad, en tiempo real.

La bicicleta se desliza sobre la acera mojada,
la rana salta en el estanque,
    tu mano persiste en la mía

después de que te hayas ido
 ¿son reales sus huellas?
Rodeado por el mar descubro que es real
 el tiempo real.
Somos arrecifes donde nace la costa y muere la ola,
 el tiempo real.

Comprendo que mi ignorancia es sabia,
Que Existe más allá del tiempo real,
 en otro tiempo,
en otra realidad. Un ser incognoscible
 más allá de todo.
Toda realidad es Tuya,
 todo tiempo es Tuyo,
porque de Ti todo salió.

INTRODUCCIÓN A LA TEORÍA DE JUEGOS

Acostados bajo los pinos mirábamos pasar las nubes.
Dibujaban formas de ninguna parte.
De repente les preguntaste:
¿Qué es lo primero, la tolerancia o el atardecer?

En ocasiones, cuando escucho estas preguntas,
tengo la sensación de caminar hacia atrás,
como si el saber fuera por delante y la ignorancia a la zaga.
Así me pareció desde el principio,
al escuchar tu pregunta.

Y claramente comprendí que
el delante y el atrás son uno y lo mismo:
un camino sobre la espuma;
conteniendo, mientras hablabas,
una literatura de bolsillo, la infancia
frente a un libro sagrado
cubierto por la bruma del incienso.

Luego nos dormimos a la sombra.
También el regreso tiene un aire redentor,
un aire a madrelvas florecidas,
a pinos en Navidad.
Entramos sin proponérnoslo en la
región de la clarividencia,
del olvido y de la memoria juntamente.

DE NUEVO SOMBRAS EN LA ESPALDA

Me acostumbré a la noche,
(creo que ya Borges lo había dicho).
Al sueño y al abismo;
a las formas sin color,
al pecado de los perfumes,
a lo que perdimos cuando nos sentamos,
y por un instante,
                olvidamos el camino.
Cuando de repente al cruzar la calle
nos encontramos con un poema que da vida al universo.

Es la misma sombra que
se recuesta
           en nuestra espalda:
 olvido del sueño, amanecer de la tarde.

De nuevo la sombra de Tanizaki, Gelman, Pizarnik.
Esta vez sin combate:
una bella sombra en la pared de enfrente.
Cuando el sol
cubre la ciudad con rayos inmutables.
Una sombra de libre corazón, tan libre que abraza
las piedras sin remordimientos.

Como si la distancia pidiera techo. Así nacen
las palabras del canto de las aves,
bajo la sombra de la tarde cual poeta iluminado.
La sombra que anhelaba el desierto.
Y también la sombra para morir en la estación del llanto.

UNA MARIPOSA SOBRE UNA NARANJA

Así son las cosas: si uno se descuida
aparecen los enunciados
atrapando los sentidos.

El cuerpo sabe más, mucho más,
de la cabeza a los pies es completo en su limitación.
Persiste entre su curso y el espacio,
como los pájaros y el *Cántico Espiritual*.

Ocurre, cambiando de tema,
que en los ojos siempre hay esperanza.
Parece una ingenuidad de adolescente; puede ser.
Sin embargo, también tú lo has notado, aunque
permanezcas indiferente. Y ocultes,
despacito, una sonrisa de humo.

Al fin y al cabo, del nacimiento de los lirios emerge la tormenta
descorriendo las cortinas para que entre el sol.
Si rehúsas acoger un abismo solitario: vela.
Pues has comprendido que el odio nace del temor,
cuando las lágrimas de la tristeza se hacen alabanza
y la huella de un poema se pierde en Tú ausencia.

Soy el madero

Soy el madero que cargas cada día.
Soy el cáliz que no puedes alejar.
Soy tu corona de espinas.

Herido hasta el abismo, mi dolor es Tu dolor.
Tu silencio va conmigo, padezco cuando te alejas.
Noche y día llevas mi rosario de indiferencias.

Yo quisiera aliviar tu sufrimiento,
pero siempre lo ignoro.
Aunque se mitiga mi nada cuando bebo el agua de
    tu costado:
polinizas mis fatigas, sacias mi tierra reseca.

Y siento que voy contigo
cuando tu mano extiendes
y con las aves levanto el vuelo.

POR LA VENTANA

No busco ser.
No lo anhelo. Fluyo.
Me dejo arrastrar por el viento
que cambia de origen y de espacio.

MIA GALLEGOS

La imagen de la luna llueve sobre los bosques.
Y mi puerta está cerrada.
Hoy me descubro despierto; miro por la ventana:
afuera las formas, los entrañables recuerdos,
                            la evocación ausente.
El camino espera la mañana
                fluyendo sobre el mar. Bailan
sobre la tierra las noches; aprenden del aire y del
        fuego
después de la medianoche. Baile de la sangre en
        concierto,
instante justamente generoso:
la danza de Rumi, David, Shiva y san Vito hasta el
        éxtasis sagrado.
Bailan los árboles con sus cabellos desnudos.
Baila el cosmos, los átomos, las constelaciones,
los universos circulares. Celebración de la vida:
        donación.

El mundo como un renacimiento incesante
al encender una vela en la tormenta. Encuentro de
	promesas
y de obituarios. En el abismo brilla una lágrima,
allí donde el viento duerme.

Miro hacia adentro: un mundo infinito se
	despliega ante mí.
El tiempo y el espacio sin mentiras, sin origen,
	sin llanto.
Canta para para atormentar al Silencio. Olvido del
	ser en el alma. Sólo quien no mira, ve.
		Solo quien se aleja permanece.
Ignorante de si me ve o te miro: viviendo en la
	muerte
para nacer a la vida.
		Se cubre los ojos,
cierra la boca,
	detiene los pasos en la noche iluminada.
Es un cielo perpetuo que siempre baila y canta.

¿Y si no hubiera ventana?

LITURGIA

> *Y todo el que aguarda tendrá al final Visita y vino.*
>
> ABDOLAH ANSARI

Aquel día la liturgia tenía algo de brisa marina.
Como si lo sagrado se deslizara
entre los misales y los pinos
invocando la sabiduría de los océanos.

El prior cantaba diseñando senderos en el silencio;
el tiempo atravesaba las naves de la iglesia
y una mística intangible afirmaba el crucifijo sobre
      el altar.

Sumergido en este espíritu florecían las velitas
como estrellas del destino; en reverencia
una sabiduría casi infantil brotaba de las oraciones.

Llegaban los nombres sin nombre, las palabras sin
      palabras,
los rostros sin rostro.
En la luz de luna a pleno día las sombras eran
      brillantes;
la muerte se hizo a un lado.

En vano la mente podría desentrañar ese
       momento:
sólo es comprensible más allá de la fe, el amor y la
       esperanza:
Dios esculpe en el alma,
              como el tiempo en el rostro.

FLORECER

Pétalos como estrellas brillantes,
rocío sobre la hierba:
se ilumina el suelo como si se multiplicaran los
      peces y los panes.

Dejo de pensar en mi edad, en los días
      transcurridos.
Son el abono de plantas y frutos. El corazón del
      árbol,
la promesa del futuro.

Ya la semilla está plantada, se deshace bajo tierra,
y Tú la haces florecer. Aun sea profunda la herida,
no es cierta la muerte.

A TRAVES DE LA HIERBA

A través de la hierba
miro la crudeza de un olvido incalculable.
La brisa canta con las pulsaciones
de un corazón ausente. Y retiene mi atención
la incómoda fraternidad de los insectos.

Son imágenes de espejo en espejo
que reclaman la quietud del pájaro solitario.
Estas imágenes despliegan sus alas,
se llevan mi mirada ante el vacío del cielo.

ME DUELEN LOS OJOS

Me duelen los ojos de no verte,
me duele el cerebro de no pensarte,
mi corazón se deshace por Tu ausencia.

La flor en mi mano deshoja nostalgias;
en el dolor comparto Tus heridas;
el cántaro vacío suspira por el agua.

Para encontrarte me diste la palabra,
destellos de hambre y fuego:
la pequeñez del pájaro en el vuelo.

Me duele esta vida sin tenerte.

FORASTERO EN TIERRA EXTRAÑA

Forastero soy en tierra extraña,
mis pies no dejan huella. Las sandalias
conocen las pequeñas y grandes
del camino, mis hermanas las piedras.

Me he apartado del sendero
buscando las flores, temiendo a las fieras;
como aquel pastorcillo que se deja maltratar en
      tierra ajena;
como ramas bajo las nubes, sin nostalgia.
      Cubierto por la noche,
bañado del día, con mis bolsillos vacíos espero la
      mañana.

No me oriento por el sol y la luna, tampoco por
      las estrellas;
mi viaje lo marca el vuelo de las aves, el florecer
      en primavera;
el paso de los ángeles entre las manos.

Cuando en el cansancio levanto mis hombros, mi
      cabeza atenta
otea el horizonte, y en silencio
descubro tu presencia en la infinita ausencia.

Un día en el monasterio

> Estos que se sostienen de la mano de Dios.
>
> OLGA OROZCO

Es un día casi perfecto, profundo, íntimo.
En él la expiación sólo permanece 24 horas
y se consumen sus 1.440 minutos.

Al borde de la jornada, demarcando su pequeña
    historia,
se atrincheran los consuelos en un consumado
    presente,
sin la tristeza del ya pasó o el recuerdo del
    mañana.

El azar convertido en oración, el trabajo en
    anhelo:
artífices de la paz y del absoluto;
la sangre y la carne transfiguradas
son estas criaturas que viven con Él
en alas de un vuelo silencioso.

Esta duración es clara, limpia en su delimitación;
surgen del contorno sin fisuras

las horas canónicas por la necesidad y la
    costumbre:
en esa eternidad
yo era una metáfora flotando en el humo del
    incienso.

VOLVER A LA ERMITA

> *Como si Dios me hubiere jugado*
> *una broma.*
>
> ERNESTO CARDENAL

La luz de diciembre fluye
y con ella el rocío del pelo de gato.

Amanece cada hora incorruptible,
suprema realidad cuando se impone vivir.

La quietud renace
desafiando las luces de emergencia,
la soledad sonora.

Es un abandono sin consuelo,
Un amanecer dedicado a la espera;
que bien sé yo la fonte que mana y corre.

Un testimonio en la profundidad viva
de la presencia de la tierra y del cielo:
nada.

El gusto por la soledad, el exilio voluntario,
la inquietud de la indiferencia. En este vacío
de todas las cosas
resguarda la serenidad de las estrellas.

Y ME PONGO A ESCRIBIR

> *Dentro de dos*
> *o tres poemas, me iré.*
>
> Juan Gelman

Y es así cuando pienso que voy a morir,
Y me invade una inquietud.
Y si el amor y el vacío se fundieran
Y de improviso me dieran la mano.
Y pienso en Jesús y María,
Y en los montes de Juan de la Cruz,
Y en algún maestro zen que conocí
Y que sonreía como un Buda iluminado.
Y entonces rezo un Padrenuestro,
Y pongo la mente en blanco mirando al mar.
Y muero, muero.
Y tiempo después, sin lástima, algo me susurra.
Y resucito y me levanto.
Y me asombro de estar vivo.
Y escribo este poema.

CUANDO

Cuando ya las estrellas no guarden mi camino,
Y el pan no sea mi alimento.
Cuando ya el vino no corra por mis venas,
Y mis besos sean un lejano recuerdo,
No olviden que aun vivo, que he despertado
De un profundo sueño. Que entre Dios y yo
No median palabras: solo un abrazo eterno.

Como dormido en una tarde que resiste al tiempo,
Entre las horas que hieren, sombra de cipreses,
Despacio el misterio acalla los truenos:
Nadie nace para la noche, para el tenebroso
        duelo.
Tan solo es un ocaso de nubes ligeras,
A salvo del abismo, manantial que florece
Donde nace la música, la voz y el silencio.

Tú me haces familiar lo desconocido,
De verdes hierbas cubres mi desierto,
Pones amor en mis huesos: renace mi infancia,
Mi vida, sembrada de anhelos, de temor
En la carne, maduro mi cuerpo, con el alma resuelta,
Dejando atrás la tumba vacía, la Tuya, la mía,
La absoluta Nada; adelante, el Cielo.
Así Te alcanzo en las alturas
Cuando desciendo a la tierra.

Acerca del autor

José M. Rodríguez-Zamora (Costa Rica). Ha publicado varios libros y más de medio centenar de ensayos y artículos científicos, filosóficos y literarios en revistas especializadas. Es magister en lingüística y doctor en filosofía. Asimismo, realizó estudios de filología española y de maestría en literatura latinoamericana. Ha sido profesor e investigador en la Universidad de Costa Rica, institución en la cual desempeñó funciones de dirección académica, y docente en varios centros de educación superior. Sus obras de poesía son los siguientes: *Caminar sobre el agua, Evadir el Tiempo, Ruido de un leve silencio, Piedras bajo las estrellas, Como árboles que caminan.*

ÍNDICE

Cielos que perduren

Breve tratado sobre el viaje · 13
El arca de los recuerdos · 15
Lo fácil y lo difícil · 16
Aunque la rosa · 17
Vuelo inútil · 18
A oscuras y segura · 19
La casa vacía · 21
¿Qué harás tú cuando yo muera? · 22
Jerarquía de ausencias · 23
Dignidad del poema · 25
Pasa un ángel · 26
Caminar sobre mi tumba · 27
Extraña costumbre · 28
Esa manera de decir mi nombre · 30
Ubi sunt con huesos · 31
Voces en el valle · 35
El monje y el poema · 36
De sombras que caminan sin nosotros · 37
Cómoda irrelevancia · 41
La luz de una hoja que cae · 42
Plotino in the Sky Without Diamonds · 43
Caminar descalzo · 47
Brillaron · 49
Las puertas estaban cerradas · 50

Flores ·	52
Marea baja ·	53
Silencio y ausencia ·	57
Descendieron los ángeles ·	58
Gelassenheit ·	59
Un sueño compartido ·	61
Cuando hoy es hoy, la flor es flor	
y un domingo verano ·	64
Delante de las palabras ·	66
El silencio como arma ·	68
Gritarían las piedras ·	70
Tardío y errante, de antigüedad en el tiempo ·	72
Árboles de pensamiento ·	79
Es la hora ·	80
Un eco eco eco ·	81
De prisa un poema casi antiguo ·	82
Oración contemplativa ·	83
Mirar las estrellas ·	84
Acocoxóchitl ·	86
Por una grieta se asoma ·	88
Era suficiente ·	91
La caverna iluminada ·	93
Arrepentimiento ·	96
Mientras tanto un bosque primigenio ·	98
Med-itación ·	99
Lo primero ·	100
No todo se extingue ·	101
Evocación ·	102
Barco a la deriva ·	103

Cuando te miro · 104
Exceso de asesinados · 105
La vida sigue, ¿cómo siempre? · 106
En tiempo real · 107
Introducción a la teoría de juegos · 110
De nuevo sombras en la espalda · 111
Una mariposa sobre una naranja · 113
Soy el madero · 114
Por la ventana · 115
Liturgia · 117
Florecer · 119
A través de la hierba · 120
Me duelen los ojos · 121
Forastero en tierra extraña · 122
Un día en el monasterio · 123
Volver a la ermita · 125
Y me pongo a escribir · 126
Cuando · 127

Acerca del autor · 131

WILD MUSEUM
MUSEO SALVAJE
Latin American Poetry Collection
Homage to Olga Orozco (Argentina)

1
La imperfección del deseo
Adrián Cadavid

2
La sal de la locura / Le Sel de la folie
Fredy Yezzed

3
El idioma de los parques / The Language of the Parks
Marisa Russo

4
Los días de Ellwood
Manuel Adrián López

5
Los dictados del mar
William Velásquez Vásquez

6
Paisaje nihilista
Susan Campos Fonseca

7
La doncella sin manos
Magdalena Camargo Lemieszek

8
Disidencia
Katherine Medina Rondón

9
Danza de cuatro brazos
Silvia Siller

10
Carta de las mujeres de este país /
Letter from the Women of this Country
Fredy Yezzed

11
El año de la necesidad
Juan Carlos Olivas

12
El país de las palabras rotas / The Land of Broken Words
Juan Esteban Londoño

13
Versos vagabundos
Milton Fernández

14
Cerrar una ciudad
Santiago Grijalva

15
El rumor de las cosas
Linda Morales Caballero

16
La canción que me salva / The Song that Saves Me
Sergio Geese

17
El nombre del alba
Juan Suárez

18
Tarde en Manhattan
Karla Coreas

19
Un cuerpo negro / A Black Body
Lubi Prates

20
Sin lengua y otras imposibilidades dramáticas
Ely Rosa Zamora

21
El diario inédito del filósofo vienés Ludwig Wittgenstein /
Le Journal Inédit Du Philosophe Viennois Ludwig Wittgenstein
Fredy Yezzed

22
El rastro de la grulla / The Crane's Trail
Monthia Sancho

23
Un árbol cruza la ciudad / A Tree Crossing The City
Miguel Ángel Zapata

24
Las semillas del Muntú
Ashanti Dinah

25
Paracaidistas de Checoslovaquia
Eduardo Bechara Navratilova

26
Este permanecer en la tierra
Angélica Hoyos Guzmán

27
Tocadiscos
William Velásquez

28
De cómo las aves pronuncian su dalia frente al cardo /
How the Birds Pronounce Their Dahlia Facing the Thistle
Francisco Trejo

29
El escondite de los plagios / The Hideaway of Plagiarism
Luis Alberto Ambroggio

30
Quiero morir en la belleza de un lirio /
I Want to Die of the Beauty of a Lily
Francisco de Asís Fernández

31
La muerte tiene los días contados
Mario Meléndez

32
Sueño del insomnio / Dream of Insomnia
Isaac Goldemberg

33
La tempestad / The tempest
Francisco de Asís Fernández

34
Fiebre
Amarú Vanegas

35
63 poemas de amor a mi Simonetta Vespucci /
63 Love Poems to My Simonetta Vespucci
Francisco de Asís Fernández

36
Es polvo, es sombra, es nada
Mía Gallegos

37
Luminiscencia
Sebastián Miranda Brenes

38
Un animal el viento
William Velásquez

39
Historias del cielo / Heaven Stories
María Rosa Lojo

40
Pájaro mudo
Gustavo Arroyo

41
Conversación con Dylan Thomas
Waldo Leyva

42
Ciudad Gótica
Sean Salas

43
Salvo la sombra
Sofía Castillón

44
Prometeo encadenado / Prometheus Bound
Miguel Falquez Certain

45
Fosario
Carlos Villalobos

46
Theresia
Odeth Osorio Orduña

47
El cielo de la granja de sueños / Heaven's Garden of Dreams
Francisco de Asís Fernández

48
hombre de américa / man of the americas
Gustavo Gac-Artigas

49
Reino de palabras / Kingdom of Words
Gloria Gabuardi

50
Almas que buscan cuerpo
María Palitachi

51
Argolis
Roger Santivañez

52
Como la muerte de una vela
Hector Geager

53
El canto de los pájaros / Birdsong
Francisco de Asís Fernández

54
El jardinero efímero
Pedro López Adorno

55
The Fish o la otra Oda para la Urna Griega
Essaú Landa

56
Palabrero
Jesús Botaro

57
Murmullos del observador
Hector Geager

58
El nuevo gusano saltarín
Isaac Goldemberg

59
Tazón de polvo
Alfredo Trejos

60
Si miento sobre el abismo / If I Lie About the Abyss
Mónica Zepeda

61
Después de la lluvia / After the Rain
Yrene Santos

62
De plomo y pólvora. Poesía de una mente bipolar /
Of Lead and Gunpowder. Poetry of a Bipolar Mind
Jacqueline Loweree

*

New Era:
Wild Museum Collection & Arts
Featuring Contemporary Hispanic American Artists

63
Espiga entre los dientes
Carlos Calero
Cover Artist: Philipp Anaskin

64
El Rey de la Muerte
Hector Geager
Cover Artist: Jhon Gray

65
Cielos que perduren
José Miguel Rodríguez Zamora
Cover Artist: Osvaldo Sequeira

Poetry Collections

Adjoining Wall
Pared Contigua
Spaniard Poetry
Homage to María Victoria Atencia (Spain)

Barracks
Cuartel
Poetry Awards
Homage to Clemencia Tariffa (Colombia)

Crossing Waters
Cruzando el Agua
Poetry in Translation (English to Spanish)
Homage to Sylvia Plath (United States)

Dream Eve
Víspera del Sueño
Hispanic American Poetry in USA
Homage to Aida Cartagena Portalatín (Dominican Republic)

Fire's Journey
Tránsito de Fuego
Central American and Mexican Poetry
Homage to Eunice Odio (Costa Rica)

Into My Garden
English Poetry
Homage to Emily Dickinson (United States)

I Survive
Sobrevivo
Social Poetry
Homage to Claribel Alegría (Nicaragua)

Lips on Fire
Labios en llamas
Opera Prima
Homage to Lydia Dávila (Ecuador)

Live Fire
Vivo fuego
Essential Ibero American Poetry
Homage to Concha Urquiza (Mexico)

Feverish Memory
Memoria de la fiebre
Feminist Poetry
Homage to Carilda Oliver Labra (Cuba)

Reverse Kingdom
Reino del revés
Children's Poetry
Homage to María Elena Walsh (Argentina)

Stone of Madness
Piedra de la locura
Personal Anthologies
Homage to Julia de Burgos (Argentina)

Twenty Furrows
Veinte surcos
Collective Works
Homage to Julia de Burgos (Puerto Rico)

VOICES PROJECT
PROYECTO VOCES
María Farazdel (Palitachi) (Dominican Republic)

WILD MUSEUM
MUSEO SALVAJE
Latin American Poetry
Homage to Olga Orozco (Argentina)

OTHER COLLECTIONS

Fiction
INCENDIARY
INCENDIARIO
Homage to Beatriz Guido (Argentina)

Children's Fiction
KNITTING THE ROUND
TEJER LA RONDA
Homage to Gabriela Mistral (Chile)

Drama
MOVING
MUDANZA
Homage to Elena Garro (Mexico)

Essay
SOUTH
SUR
Homage to Victoria Ocampo (Argentina)

Non-Fiction/Other Discourses
BREAK-UP
DESARTICULACIONES
Homage to Sylvia Molloy (Argentina)

For those who think like Olga Orozco that *we are hard fragments torn from heaven's reverse, chunks like insoluble rubble turned toward this wall where the flight of reality is inscribed, chilling white bite of banishment* this book was published November 2024 in the United States of America.

www.ingramcontent.com/pod-product-compliance
Lightning Source LLC
Chambersburg PA
CBHW030342170426
43202CB00010B/1210